Bibliographic information published by the German National Library:

The German National Library lists this publication in the National Bibliography; detailed bibliographic data are available on the Internet at http://dnb.dnb.de .

Imprint:

Copyright © 2013 GRIN Verlag
Print and binding: Books on Demand GmbH, Norderstedt Germany
ISBN: 9783668855755

This book at GRIN:

https://www.grin.com/document/449748

Alice Laquerrière

Les jumelages franco-allemands à l'exemple du partenariat Aix-la-Chapelle et Reims

GRIN Verlag

GRIN - Your knowledge has value

Since its foundation in 1998, GRIN has specialized in publishing academic texts by students, college teachers and other academics as e-book and printed book. The website www.grin.com is an ideal platform for presenting term papers, final papers, scientific essays, dissertations and specialist books.

Visit us on the internet:

http://www.grin.com/

http://www.facebook.com/grincom

http://www.twitter.com/grin_com

Facharbeit/Mémoire

Les jumelages franco-allemands à l'exemple du partenariat Aix-la-Chapelle et Reims

Schüler/élève : Alice Laquerrière

Jahrgangsstufe/ classe : Q1

Fach/matière : Französisch

Sommaire

Prologue

Je tiens à dédicacer ce mémoire à mes parents, couple franco-allemand, ainsi qu'à un ami de notre famille, Jean Falala, ancien maire de Reims, décédé le 28 novembre 2005, qui entretenait l'amitié franco-allemande et surtout favorisait le jumelage Reims et Aix-la-Chapelle.

J'ai grandi avec un pied dans chaque des deux pays : La France et l'Allemagne. Mes parents se sont rencontrés lors d'un échange scolaire. Sans cette amitié qui a débutée par correspondance, je ne serais pas ici à écrire ce mémoire.

Je me demande aujourd'hui si le partenariat a encore un avenir. Dans mon entourage, je m'aperçois que beaucoup de jeunes ne s'intéressent plus au jumelage franco-allemand et préfèrent s'orienter vers d'autres pays. Les jeunes français veulent maintenant apprendre une autre langue que l'allemand. Ce n'est plus seulement au niveau scolaire que ces changements se font sentir, mais aussi au niveau politique qui se mêle du partenariat et se tourne vers d'autres horizons.

Mes expériences montrent aussi que ce n'est pas seulement la politique et la jeunesse qui agit à contre sens mais aussi les familles. Certaines n'acceptent pas les échanges scolaires avec les écoles françaises et également allemandes. Certaines personnes vivent encore dans l'entre deux-guerre plein de préjugés. Cela concerne beaucoup la génération qui a vécu cette période de l'histoire. Ces relations s'en trouvent parfois difficiles. Les jumelages s'y trouvent menacés.

D'un autre coté le monde culturel s'efforce de rapprocher les deux pays en émettant des émissions de télévision comme « Arte » qui mettent en coopération l'Allemagne et la France en faisant passer des programmes dans les deux langues.

Des organisations telles que les comités de jumelage ou l'Institut Français essaient de montrer la culture française et/ou allemande dans les pays respectifs. A notre époque, où nous parlons de l'Europe unifiée sans frontière, il est quand même difficile à comprendre qu'il y ait encore des pierres sur le chemin de l'amitié franco-allemande.

Est-ce que la France et l'Allemagne ont encore la possibilité d'avoir un avenir commun ?

Introduction

Sur le thème « Les jumelages franco-allemands à l'exemple du partenariat Reims et Aix-la-Chapelle», nous devons tout d'abord nous poser la question : Peut-il y avoir un avenir commun dans la situation actuelle sur fond de crise économique internationale ?

Pour cela, je vais me servir de l'histoire et comparer la situation générale des deux villes dans le passé avec le présent.

L'Histoire franco-allemande

Charlemagne (Karl der Große) et Bismarck ennemis et amis

A l'époque de Charlemagne, une tendance s'était déjà formée. Sur une carte de cette époque, nous pouvons constater que Reims et Aix-la-Chapelle faisaient parti de son Empire et qu'il avait fait de cette dernière sa capitale. Mais pas seulement la situation territoriale reliait les deux villes. Un peu plus tard l' « Historia Caroli Magni» du XIIème siècle montre une liaison franco-allemande existante de l'époque. L'archevêque rémois Turpin affirmait qu'il aurait écrit lui-même cette légende sur Charlemagne. D'autres sources affirmaient que Turpin avait falsifié cette légende à son profit. Dans cet exemple, il est cocasse de voir un archevêque de Reims voulant être l'auteur d'un texte le plus connu de son temps à la gloire d'un empereur aux origines germaniques. Cela cristallise un certain lien entre les deux futures nations.

Malheureusement, l'histoire montre également que les liens entre les deux pays n'ont pas été toujours parfaits. Bien-sûr on se demande ce qui a pu changer les relations des deux pays à ce point.

A l'époque de Bismarck, unificateur de l'Allemagne, les deux pays s'appelaient les « ennemies héréditaires » à cause d'une politique méfiante et se voyaient l'un et l'autre en tant qu'états rivaux. La France trop puissante par ses colonisations, par rapport à l'Allemagne. Cette dernière devient forte en très peu de temps au niveau international.

Lors de ces tentions, les français ont eu une très mauvaise impression de l'Allemagne, ce qu'explique Jaques Binoche dans son livre « Histoire des relations franco-allemandes de 1789 à nos jours ». Dans la citation suivante il décrit la situation en France et en Allemagne pendant la guerre franco-allemande (1870-1871) « [...] on représente Bismarck comme un bébé à casque à pointe assis sur un trône sculpté dans un château teuton. »[1] Caricature crée, afin de le ridiculiser ainsi que sa politique de Grand Empire Allemand réunifié par un protectionnisme national et méfiante vis-à-vis de la France. Nous avons l'impression que les deux voisins se

---

[1] Binoche, J. (1996). *Histoire des relations franco-allemandes de 1789 à nos jours*. Paris.p.53-54.l.14f.

sont retranchés de part et d'autre du Rhin, s'observent et se détestent par ces exagérations xénophobes.

Bismarck voulait depuis longtemps la guerre avec la France. Dans un discours du 30 septembre 1862 « Le fer et le sang » il annonce ses véritables intentions : « les frontières de la Prusse [...] ne lui permettent pas de vivre normalement [...]»[2]. Après la capitulation française de 1871 et l'imputation à cette dernière de l'Alsace et la Lorraine, les français ont commencé à développer un sentiment de haine à l'encontre de l'Allemagne. Ce sentiment sera attisé de plus en plus jusqu'à la première guerre mondiale où encore une fois les « ennemies héréditaires » sont face à face.

La 1ère et 2nde guerre mondiale

Pendant les deux guerres, les pays qu'on considère aujourd'hui comme amis, se sont battus et détruits l'un et l'autre. La première guerre mondiale a détruit la ville de Reims, la deuxième la ville d'Aix-la-Chapelle. Monsieur Malangré décrit pourquoi «Beide Städte waren Frontstädte: Reims im zermürbenden Stellungskrieg[...], Aachen als Ziel schwerer Bombenangriffe[...] »[3] On peut constater un autre point commun: Toutes les deux on été détruites. C'est encore un plus grand symbole quand les villes deviennent amies.

François-Ferdinand prince héritier de l'empire Austro Hongrois et donc allié de l'Allemagne, est assassiné. La méfiance transformée en haine depuis 1871, fait que les deux camps veulent en découdre une nouvelle fois sur le champ de bataille. Jean Jaurès tient un discours sur la situation entre ces deux pays « Empereurs d'Allemagne [...] qui, par haine de la démocratie, avait voulu la guerre, nous prenons l'engagement de sonner le glas de votre règne. »[4] De son côté, l'Allemagne profite de cet assassinat pour déclarer la guerre à la Serbie, lieu de l'attentat. Par le truchement des alliances, la France est de nouveau en guerre le 3 août 1914 contre l'Allemagne. La Sainte Alliance est signée à Aix-la-Chapelle. L'Allemagne va pouvoir s'affirmer et montrera sa souveraineté sur la France et règlera définitivement le problème de l'Alsace et de la Lorraine.

Mais elle est battue lors de« La bataille de la Marne ». La capitulation de l'Allemagne marque une nouvelle ère pour elle et restitue l'Alsace et la Lorraine à la France. L'Allemagne est humiliée, bafouée et mise à genou par le vainqueur par un

[2] Michaela Braun, L. B.-M. (2008). *Histoire/Geschichte L'Europe et le monde du congrès de Vienne à 1945* (Vol. II). Paris, France: Klett/ Nathan.p.35.Doc 4.l.9-13.

[3] Malangré, D. (2004). - *Reims Notizen zur Partnerschaft;Zwei Königsstädte im Beziehungsspiel von deutsch-französischer Geschichte und Lebensart.* Aix-la-Chapelle, Allemagne: M.Brimberg Druck und Verlag GmbH.p.195.l.3-

[4](Michaela Braun, 2008) 15-18.

armistice forcé est signé à Versailles le 11 novembre 1918. Presque 20 ans plus tard la deuxième guerre mondiale s'annonce par le coup d'état d'Hitler en 1933 qui voulait étendre les territoires de l'Allemagne et annuler le traité de Versailles. Pour la troisième fois les deux « ennemies héréditaires » passent aux armes.

Le général Von Seeckt formulait l'intention de l'Allemagne national-socialiste: « Mit Polen fällt eine der stärksten Säulen des Versailler Friedens, die Vormachtstellung Frankreichs. »[5]. Pour Hitler, le traité de Versailles était une épine dans le pied qui devait être effacé de l'histoire. Il voulait que la France joue le rôle d'agresseur pour se faire, il envahit la Pologne alliée de la France.

Le film « La grande Vadrouille » avec le célèbre comédien Louis de Funès, montre la situation des relations franco-allemandes pendant la deuxième guerre mondiale. Le film traite d'aviateurs anglais dont l'avion est abattu au dessus de Paris et doivent se cacher des allemands pour retourner en Angleterre. Pour analyser le point de vue des français à propos des allemands dans le film, je vais me servir de dialogues : Pendant que Stanislas Lefort le chef d'orchestre de l'opéra répète avec son orchestre, des allemands viennent interrompre la répétition. Le Major Achenbach dit en rentrant « Tout le monde rester ici. Sortie verboten. Défendu sortir. Un parachutiste anglais est entré ici dans l'opéra. Verboten donner assistance sous pêne de la mort »[6]. En plus, il menace les français de la peine de mort si un d'entre eux aide les parachutistes. Naturellement, il y a peur que les français se révoltent. Ils veulent trouver un moyen de pression exagérément brutal qui est ici la peine de mort. Le film montre les relations franco-allemandes pendant l'occupation d'une manière humoristique.

À la fin de la guerre, c'est à Reims qu'à lieu la capitulation allemande. Le général de corps d'armée Jodl signe la capitulation de la « Deutsche Wehrmacht »le 7 mai 1945 à Reims dans le quartier général d'Eisenhower. C'est la fin de la 2nde guerre mondiale. Vingt ans plus tard Charles de Gaulle et Konrad Adenauer se retrouve sur le parvis de la cathédrale de Reims. Elle va être le symbole de la réconciliation franco-allemande après la deuxième guerre mondiale et pour un travail futur en commun.

Charles de Gaulle et Konrad Adenauer-Le début d'une amitié

La France et l'Allemagne entretiennent une amitié depuis le 22. Janvier 1963 date à laquelle une nouvelle ère en Europe est née : La signature du traité de l'Elysée.

Sur les ruines d'une Europe va se fonder une amitié qui va être le piédestal de l'Europe actuelle. Après la deuxième guerre mondiale, les groupements politiques

---

[5]Dr.Volker Frieningsdorf, D. H. *Geschichte*. Potsdam, Allemagne: Tandem Verlag GmbH.p.124 ;l.15-16.
[6]Oury, G. (Directeur). (1966). *La Grande Vadrouille* [film]. France. 14:35.

respectifs veulent une alliance. Dans une Europe où l'économie et l'infrastructure sont détruites, Charles de Gaulle, Konrad Adenauer, Jean Monnet, Robert Schuman et Winston Churchill ont eu l'idée de fonder une Europe forte et unifiée. L'idée brillante de départ fût de créer la CECA (Communauté du charbon et de l'acier) qui mène les deux pays dans une coopération unis latérale. Les initiateurs étaient Jean Monnet et Robert Schuman. Ceux-ci avaient l'idée de créer une coopération étroite entre l'industrie du charbon et de l'acier qui sont des éléments nécessaires à la fabrication d'armements qui était une garantie de paix. Depuis cette date, la rencontre entre un chancelier ou une chancelière allemand/e et un président/e français/e est devenue tradition jusqu'aujourd'hui notamment avec Monsieur François Hollande et Madame Angela Merkel commémorant l e cinquantième anniversaire de la réconciliation franco-allemande à Reims le 8 juillet 2012.

Pour finaliser cet événement, Konrad Adenauer et Charles de Gaulle ont chanté le « Te Deum Laudamus » de Mozart pour symboliser la fraternité, dans la cathédrale de Reims.

À son retour, Konrad Adenauer proclame officiellement en Allemand la réconciliation franco-allemande lors du 10ème jubilée de la « Bundesrepublik Deutschland ». Pendant son discourt, il mentionne que « der deutsch-französische Gegensatz[...] beseitigt [sei], die Saarfrage geregelt[sei] »[7] . Adenauer a pour but d'unifier au niveau économique la France et l'Allemagne. La fondation de la CECA est là pour y arriver. Il aurait aimé que les français n'aient plus de clichés sur les allemands pendant la seconde guerre mondiale. Jusqu'aujourd'hui, cette solidarité a été tenue à vie par des organisations de jeunesse qui a transmit le message d'une collaboration franco-allemande aux prochaines générations. Par exemple les Instituts Français qui se trouvent pratiquement toujours dans une ville allemande jumelée à une ville française. Les comités de jumelage, largement représentés dans beaucoup de villes.

Angela Merkel et François Hollande entretiennent cette amitié, mais nous arrivons dans une certaine monotonie comme l'écrit le journal Aachener Zeitung « Erinnerungen, Annäherungen, Vorsätze Das Jubiläum des Freundschaftsvertrages bringt **nicht sehr viel Neues**. Aber immerhin: Man duzt sich neuerdings. »[8]L'article souligne la non-progression des relations entre les deux pays. Cet anniversaire fait renaitre une amitié qui semble poussiéreuse et stagnante. Le tutoiement entre les deux chefs d'état en est un symbole.

Les pays fondateurs de l'Europe ont signé le 4 novembre 1950 une unification des droits, un texte qui s'appelle aujourd'hui les « Convention de sauvegarde des Droits

---

[7](Dr.Volker Frieningsdorf). p.248; M1; l.12.
[8](Mayntz, 2013).l.1-2

de l'Homme et des Libertés fondamentales». Par cet acte, les citoyens européens ont les mêmes droits. Les articles les plus importants sont « Art.2-Das Recht auf Leben wird gesetzlich geschützt [...]. Art.3- Niemand darf der Folter oder unmenschlicher oder erniedrigender Behandlung [...]unterworfen werden. »[9] La libre circulation, la même sécurité et accès à la justice est devenu plus facile. Il y aura moins de danger qu'un des membres signataires partent dans un extrémisme politique.

Seulement une réconciliation franco-allemande peut créer l'Europe. Sa thèse montre qu'il a raison : Après les accords franco-allemands 27 autres pays se sont ralliés à ces idées.

<u>La nouvelle ère pour l'Europe</u>

L'Italie, le Benelux rejoignent la France et l'Allemagne dans l'Europe économique. Winston Churchill avait prévu cette situation presque 10 ans plus tôt « Wir müssen eine Art Vereinigte Staaten von Europa errichten »[10]. Winston Churchill se refait ici au système américain où un État fort guide les autres. L'homme politique italien de l'époque, Altiero Spinelli voyait de son côté deux autres modèles pour l'Europe « [...] sollte die europäische Einigung grundsächlich eine Konföderation; ein Staatenbund sein, bei dem jeder Staat eine Souveränität beibehalte [...] Churchill und de Gaulle sind die herausragenden Helden dieser Vision. »[11] Cette citation montre que cet homme, soutient aussi la vision d'une Europe forte et unit. Il voit au contraire de W. Churchill, que chaque pays composant l'Europe garde leur souveraineté. Churchill avait cette vision parce qu'il était anglais. Pour lui, le système américain est plus proche de son idée sur l'Europe que d'autres systèmes. Pour fonder l'Europe les « pères » se sont aussi servis des idées de Churchill. Par cela on peut dire que l'Europe est un grand puzzle ou chaque pièce correspondent à des idées de politiciens de l'époque. Robert Schuman passe à l'action au ministère à Paris et présente le plan pour la fondation de la CECA. Le traité de Rome de 1957 était la première étape de la CECA vers une CEE (Communauté économique européenne). Dans ce traité il était aussi question de« Art.3-[...] a) die Abschaffung der Zölle und mengenmäßigen Beschränkungen bei der Ein-und Ausfuhr [...] ; [...] c) die Beseitigung der Hindernisse für den freien Personen-, Dienstleistungs- und Kapitalverkehr zwischen den Mitgliedstaaten »[12] Ces articles sont les précurseurs de l'accord de Schengen. Entre 1965 et 1989, l'Europe doit faire face à une succession de crises administratives internes et économiques. En

---

[9] (Michaela Braun, 2008) p.117;l.17-22
[10] (Dr.Volker Frieningsdorf)p.263; l.31
[11] (Michaela Braun, 2008) p.119;l.5-11
[12] (Michaela Braun, 2008) p.123;l8-15

1965, Charles de Gaulle ne veut pas de système plus démocratique dans le conseil de l'Europe. En plus, la crise économique des années 70 engendre un désaccord entre les pays membres. Mais l'Europe reste unit malgré ces tempêtes. La France et l'Allemagne jouent le rôle de précurseur de l'Europe main dans la main alors que d'autres pays comme l'Angleterre ne veulent pas s'y adapter complètement à cause de l'inflation. Elle n'acceptera pas l'euro comme monnaie d'échange. La crise actuelle de l'euro leur donnera tel raison ? Déjà à ce point on peut se demander s'il y a un avenir commun en Europe.

La culture

La culture allemande et française se différencie dans la tête des gens. Les français ont une autre mentalité que les allemands. Nous pouvons constater ces différences à la télévision, dans la musique, les clichés mais surtout par le langage. Dans les prochains paragraphes j'ai l'attention d'analyser les points communs et les différences existantes.

Pour commencer j'ai interviewé des personnes françaises, allemandes et franco-allemandes pour connaitre leur opinion sur les relations franco-allemande et connaitre leurs expériences qu'ils ont eu avec l'autre culture.

D'abord j'ai fait une interview avec l'ancien président du comité de jumelage d'Aix-la -Chapelle/Reims, le consul honoraire de France et le germaniste/historien Monsieur Dr. Wolf Steinsiek. Je lui ai demandé ce qu'il entend, par l'expression, « ennemies héréditaires ». Il m'a répondu « s'il y a des « ennemies héréditaires » cela existe seulement dans la mentalité des gens qui se sont racontés des histoires. »[13] À son avis, cette expression date de Napoléon Ier au court du 19ème siècle. L'expression a été réutilisée sous Napoléon III et Bismarck. Les vrais « ennemies héréditaires »seraient l'Angleterre et la France. En Allemagne et en France, les peuples se seraient toujours entendus. Ce sont seulement les chefs d'état qui ont fait des deux pays, des ennemies.

À ma question « qu'est qui vous lie à l'Allemagne et à la France ? » il m'a répondu « J'ai passé toute ma jeunesse à Paris. Alors je suis imprégné par la culture française, je n'ai jamais quitté la culture et les idées politiques liberté, égalité et fraternité et la laïcité. »[14] Ceci montre que Monsieur Dr. Steinsiek connait les deux cultures ayant grandi avec elle et connait les finesses qui les animes. Les entraves qui semblent pointés à l'horizon seront surmontées en suivant son exemple.

---

[13] Dr. Steinsiek, W. (2013. mars 2013). Les jumelages franco-allemandes à l'exemple du partenariat Aix-la-Chapelle et Reims. (A. Laquerrière, Intervieweur) Aix-la-Chapelle, Allemagne.p.2

[14] (Dr. Steinsiek, 2013)

<u>Le langage</u>

Il est le moyen de communiquer. Il peut non seulement servir à exprimer son opinion, mais aussi á échanger sa culture et sa mentalité « sans apprendre la langue, on n'apprend jamais la vraie mentalité »[15] Cette citation peut être utilisée pour montrer, d'un côté l'importance du langage, et autre le problème des « ennemies héréditaires » qui semble solutionné. Mais j'ai trouvé une source secondaire qui prouve que Bismarck parle couramment le français « Bismarck lit et écrit et parle français couramment »[16] Quel est le problème ici ? À mon avis, le problème revient à la mentalité Allemande ou Prussienne de cette époque.

Elle conduit à penser que « seule, elle est la bonne mentalité et seulement l'Allemagne est un vrai pays ». Si on se referme sur soi, on ne s'ouvre pas au monde et des problèmes fatals surgissent. Afin de les éviter nous devrions d'abord apprendre à connaitre les autres. Bismarck savait parler français mais il ne savait pas gérer la mentalité française parce que son but était d'agrandir les territoires allemandes.

La langue est un moyen d'affirmer sa différence culturelle qui peut être influencée par d'autres langages. Le résultat en est les dialectes comme « l'Öcher Platt »

<u>Le dialecte</u>

Le dialecte est une forme d'échange culturel. Ce phénomène montre la thèse de Monsieur Dr. Steinsiek (voir citation 22) « sans apprendre la langue on n'apprend jamais la vraie mentalité »[17]. L'allemand et le français ont en commun des racines linguistiques dans le langage indo-germanique. Nous pouvons remarquer ici que nous avons en commun l'Histoire et la culture mais également le langage. Un échange culturel se base aussi sur le fait de lire les journaux de l'autre pays et/ou de la ville jumelée. Monsieur Dr. Steinsiek m'a dit qu'il s'informait dans les journaux français, par exemple VRI, journal culturel de Reims. D'un autre côté, il est aussi possible qu'un Rémois lise ou parle aussi l'« Öcher Platt ». Mon père, Sylvain Laquerrière , s'intéresse au« Thouet priis ». Ce festival est une remise du prix « Thouet ». C'est un prix décerné aux personnes qui popularise l' « Öcher Platt ». Lors d'une interview il m'a confié «Je ne comprends pas toujours ce qui est dit, mais quand il y a une expression proche du français, ce qui se passe assez souvent,

---

[15] (Dr. Steinsiek, 2013)

[16] M.Augris. (4. février 2008). *France-Allemagne Documents*. Dernière consulation le 2 mars 2013 von http://memoires-france-allemagne-docs.blogspot.de/2008/02/bismarck-et-les-relations-franco.html.

[17] (Dr. Steinsiek, 2013)

j'arrive à saisir le sens »[18]. Comme le dit Monsieur Dr. Steinsiek pour une personne fascinée par le multiculturalisme « c'est formidable ». On aura peut-être un jour l'idée de faire apprendre aux correspondants de Reims notre dialecte et ils nous apprendrons le leur. L'unité d'une ville se montre autour s'exerce autour d'un dialecte. D'un autre côté, on tire un mur autour de nous parce que nous nous isolons les autres ne peuvent pas comprendre. Il y a un grand problème de communication entre les deux villes.

<u>Les organisations</u>

Monsieur Riondet, professeur de mathématiques de la ville de Paris, est venu en Allemagne dans le cadre du programme « Jules Verne ». Ce programme est mis en place pour favoriser la « mobilité internationale […] pour les enseignants »[19] de première ou deuxième année d'étude internationale. Lors d'une interview, il m'a confié qu'il a trouvé des ami(e)s en Allemagne notamment à Aix-la- Chapelle. Quand il entend les deux villes jumelées Aix-la-Chapelle et Reims la cathédrale des deux villes et Charlemagne lui viennent à l'esprit. Sa réponse montre un parallélisme entre ces villes. Cette situation montre un échange culturel intense entre la France et l'Allemagne. À ma question « Est- ce que vous maîtrisez l'allemand ? De quelle manière l'avez-vous l'apprit ? », Monsieur Riondet m'a répondu « Oui ; Notions de base à l'école et perfectionnement en voyage… » [20]. Nous pouvons constater qu'une personne comme Monsieur Riondet, peuvent arriver à étudier en Allemagne afin de se perfectionner dans la langue et la culture.

Certaines organisations entretiennent les liens entre deux villes comme le « Comité de jumelage Aachen-Reims ». Il définit clairement ce qu'il veut atteindre : « die Beziehungen im kulturellen, schulischen, sportlichen und gesellschaftlichen Bereich zwischen den Städten Aachen und Reims zu vertiefen » [21] Il joue le rôle d'un pont qui relie deux villes pour soutenir les relations. Cette organisation est composée de bénévoles qui veulent étendre les idées d'échanges culturels. Par exemple, lors des fêtes johanniques de Reims ils organisent un covoiturage pour aller à Aix-la-Chapelle ou Reims ainsi lors du « Karlstag » à Aix-la-Chapelle. Le Comité a aussi beaucoup de points d'appui comme l'Institut français d'Aix-la-Chapelle qui organise des cours de français comme le DELF, le DELF junior ou même le DILF.

---

[18] Laquerrière, S. (2013, février 4). Les jumelages franco-allemandes à l'exemple du partenariat Aix-la-Chapelle et Reims.

[19] l'éducation, M. d. (mai 2012). *Le programme de mobilité internationale Jules Verne pour les enseignants.* Dernière consulation le 2 mars 2013 von http://www.education.gouv.fr/cid50124/le-programme-de-mobilite-internationale-jules-verne-pour-les-enseignants.html.

[20] (Riondet, 2013)

[21] (Malangré, 2004)

Fremde Freunde-Les clichés

Un cliché est un préjugé d'un peuple ou d'une personne au détriment d'une autre personne ou d'un autre peuple comme dit la métaphore « Fremde Freunde ». Par exemple les français pensent que les allemands se nourrissent seulement de « Eisbein und Sauerkraut ». Par contre le cliché allemand des français est que beaucoup de français habitent avec une vue sur la tour Eiffel, se promènent avec une baguette de pain sous le bras et/ou portent un béret, un foulard rouge.

Une statistique que j'ai trouvée est une enquête fait par le livre « Horizons »[22] de l'éditeur Klett en 2002 pour le 40ème anniversaire des relations franco-allemandes. Cette enquête est menée sur 500 jeunes et montre ce que les français pensent sur les allemands et l'inverse. Je vais l'analyser :

Les diagrammes à barres« Regards croisés » visualise le pourcentage de ce que pensent les allemands des français et les français et des allemands des français en posant la question : « Qu'est-ce qu'il vous vient à l'esprit quand vous entendez et/ou français ? »

Le premier diagramme est le diagramme des allemands vus par les français. La majorité des jeunes ne répondent pas. 18% pensent à l'Allemagne et aux allemands. Presque le même pourcentage répond avec les mots « Europe » et l'opposé « la 2e guerre mondiale ». Une minorité pense à « la gastronomie », « les voitures » et encore moins à « Berlin ».

La seconde statistique sont les français vus par les allemands. La moitié des jeunes interviewés pense à « la cuisine française » en général et « la cuisine et la gastronomie française » qui est séparé en « fromage », « la cuisine » et la « baguette ». À peut près le même pourcentage de 25 % pense à « Paris », « la Tour Eiffel » et « les vins et alcools ». Une minorité a dit «la France », « le mode de vie des français », « la langue » et certains ne donnent pas de réponse.

La statistique montre que la moitié des jeunes français ne s'intéressent pas au sujet. C'est déjà un grand problème vue que notre société est fondée sur l'Europe. Ceux qui ont répondu l'Allemagne et les allemands montrent qu'ils ont eu un contact avec l'Allemagne. D'ailleurs, la même quantité de jeunes français pensent aux deux choses opposées : Pour le même nombre de réponse « Europe et deuxième guerre mondiale ». Avec ceci, ils évoquent l'actualité présente ainsi que les cicatrices du passé. D'un côté, les idées des jeunes sont négatives et montrent que la mentalité des jeunes n'a pas encore changé de génération en génération. De l'autre côté l'Europe est un mot pour l'unification et le travail en commun.

---

[22] Susanne Ballin, B. B.-C. (2009). *Horizons* (Bd. I). Stuttgart: Ernst Klett Verlag GmbH.p.64.

Je vais passer aux réponses allemandes. Le cliché de la baguette, la cuisine en général et le fromage sont mentionnés très souvent ce qui montre qu'ils pensent aux bon-vivre des français. Ce qui concerne le pays lui-même presque le même nombre de jeunes pense à Paris et la Tour Eiffel et un peu moins à la France elle-même. Ces jeunes ont eu contact avec la France. La minorité seulement pense à la langue française ce qui pourrait être pour eux barrière linguistique qui empêchera une approche vers les français. Monsieur Dr. Steinsiek dit « de moins en moins de jeunes à Aix-la-Chapelle veulent apprendre le français mais apprennent l'espagnol avec la motivation que l'espagnol est moins dur que le français et cette langue est la langue du business. Mais ils ne voient pas que le français est encore plus important pour l'Europe et je peux dire que l'espagnol est aussi dur que le français. »[23]

Comment résoudre ces problèmes ? À mon avis la solution sont les médias et la culture. C'est ce qui intéresse le plus les jeunes des deux pays actuelles.

Le cinéma/ la télévision franco-allemand

Beaucoup de manifestations cinématographiques sont organisés par l'institut français à l'Aix-la-Chapelle dont le but est de faire apprendre le français et sa culture aux allemands. Par exemple le « Cinéfête » qui a lieu aussi dans 100 autres villes. Ce nombre de villes montre un grand intérêt par le cinéma français. En France, il existe pour ca une académie franco-allemande du cinéma. L'organisation « a pour objectif de contribuer à la construction de l'Europe du cinéma, en renforçant la collaboration entre la France et l'Allemagne dans quatre secteurs : la production, la distribution, la formation et le patrimoine »[24]. Même au cinéma les deux pays essayent de créer une base commune. Les jeunes allemands sont confrontés très tôt à un média français.

Il existe aussi la télévision franco-allemande comme « Arte® ». En France c'est devenu culte de regarder tous les dimanches soir l'émission « Karambolage ». Ces quelques minutes mettent la relation franco-allemande en action. Cette émission est regardée par beaucoup de personnes allemandes et françaises comme mon enquête le montre : Toutes les personnes que j'ai interviewé regardent et connaissent Arte. Clémence Rambout notre assistante de français me dit « Je regarde Arte et surtout l'émission « Karambolage » [...] je trouve intéressant de découvrir les points-communs et les différences entre les deux pays. »[25]D' « étudier » les « points communs et les différences » dans un tel jeu, rapproche les

[23] (Steinsiek, 2013)
[24] franco-allemande, A. (2002). *France-Allemagne*. Dernière consulatation le 2 mars 2013 sur http://www.france-allemagne.fr/L-Academie-franco-allemande-du,4205.html.
[25] Rambout, C. (13. mars 2013). Les jumelages franco-allemandes à l'exemple du partenariat Aix-la-Chapelle et Reims . (A. Laquerrière, Interviewer)

pays l'un de l'autre et efface les clichés existants. À la maison on peut découvrir nos voisins de l'autre côté du Rhin sans être obligé de voyager. Arte diffuse aussi une émission sur le thème Reims et Aix-la-Chapelle. Les médias offrent la possibilité aux allemands et français d'avoir un contact directe au quotidien avec l'autre culture. Comme la musique :

La musique franco –allemande à l'exemple du « H3C » et du « BOAH »

Le 26 et 27 janvier 2013, dans le cadre du jumelage Reims-Aix-la-Chapelle, un orchestre d'Aix-la-Chapelle a donné trois concerts de deuxième partie à Reims pour la commémoration du 50ème anniversaire du Traité d'Élysée. En première partie, l'Harmonie du Troisième Canton, orchestre de Reims, c'était produit les deux orchestres ont fait le finale ensemble en jouant l'hymne européen.

Les allemands, m'ont raconté que cette aventure était vraiment quelque chose de différent. Certains entre eux n'étaient jamais venus à Reims ou même en France. Les clichés qu'ils avaient ont totalement disparu et ils ramèneront chez eux en le racontant aux autres, leurs expériences. D'autres villes ont aussi commencé à se rallier à cette stratégie : Le festival hip-hop Paris-Berlin ou la chorale franco-allemande d'Aix-la-Chapelle. La chorale « Capella à Capella » s'est aussi produite également lors des festivités de Reims.

J'ai déjà mentionné beaucoup d'échanges culturels, mais le plus important est l'échange scolaire qui facilite l'apprentissage de la langue étrangère et ouvre la porte à beaucoup de jeunes qui veulent étudier dans l'autre pays.

Le jumelage Aachen-Reims

Quand Konrad Adenauer et Charles de Gaulle se sont retrouvés à Reims, en 1962 les deux villes-sacres sont devenues villes jumelées en 1967.

Après un début laborieux par des essayes de projets, Dr. Heinz Malangré, à l'époque maire de la ville d'Aix-la-Chapelle, est allé à Reims. À son retour, il dit « Es hat uns gewundert, wenn französische Gesprächspartner « unseren » Kaiser Karl als Charlemagne für sich reklamierten, oder wenn wir hörten, dass Ludwig der Fromme sich nach seiner Aachener Krönung in Reims nochmals krönen ließ. » [26] L'intérêt pour Reims s'en est senti grandissant parmi les habitants d'Aix-la-Chapelle.Les deux villes entretenaient une histoire commune. Les romains s'y sont installés et les rois s'y sont fait sacrés. L'une a souffert de la première guerre mondiale et l'autre de la seconde guerre mondiale. Comme me l'a dit Monsieur Dr. Steinsiek « Mon grand-père a malheureusement participé à la destruction de Reims

---

[26] (Malangré, 2004).p.16; l.17-21

pendant la 1ère guerre mondiale et son petit fils a fait le contraire. »[27] .La motivation était très certainement de créer un lien entre les deux anciens ennemis pour en faire des amis qui ne se battraient plus sur les champs de bataille.

<u>Les jumelages vus par les échanges scolaires</u>

Il y a 25 ans la Hugo Junkers Realschule à Aix-la-Chapelle et le collège Paul Fort de Reims ont fait des échanges scolaires. Mes parents se sont connus lors de l'un de ces échanges. Cet exemple montre bien l'amitié franco-allemande et en a apporté ses fruits. Le St. Leonhard Gymnasium Aachen est jumelée avec le lycée Libergié de Reims. Le lycée privé Jean XXIII est jumelé avec le lycée St.Ursula à Aix-la-Chapelle. Cette amitié existe déjà depuis 1967. Lors de son séjour à Reims en 2003, le proviseur adjoint Reiner Hermanns du lycée St. Ursula a dit « pour fêter ces 40 ans d'amitié, douze professeurs allemands, [...], ont passé le dernier week-end à Reims où ils ont été logés chez leurs homologues rémois » [28] Les différentes associations reliant les villes tel que Reims et Aix-la-Chapelle ont contribué au développement culturel et des connaissances unilatérales entre nos deux pays. Peut-on parler de problèmes ?

Les problèmes

La jeunesse franco-allemande

Par l'Histoire, et les centres d'intérêts communs, ont eu des débuts difficiles. Les personnes interviewées expriment certains obstacles qui compliquent les relations. Deux personnes interviewées ont soulevé le désintérêt des jeunes pour langue française. Mais ils sont confrontés directement par les médias.

Madame Sommer professeur de français du lycée St. Leonhard d'Aix-la-Chapelle a dit dans une interview « Les jeunes s'orientent plutôt vers l'anglais et l'espagnol. »29 Ce qui a été également observé par Monsieur Dr. Steinsiek « En Allemagne et en France de moins en moins de jeunes apprennent la langue de leur voisin. Il y a 60.000 postes qui sont barrés à cause de cette maladie. »30 Va-t-on vers un glissement d'orientation ?

Notre école est tournée vers l'Europe elle offre aux élèves la possibilité d'effectuer un diplôme « Abi-Bac » (Abitur/Baccalauréat) reconnu en France et en Allemagne. Il

---

[27] (Dr.Steinsiek, 2013)
[28] Jean 23. (14. juin 2007). *Lycée privée Jean 23*. Dernière consultation le 10 mars 2013 von http://www.jean23reims.org/index.php?option=com_content&task=view&id=36&Itemid=72
[29] Sommer. (15. mars 2013). Les jumelages franco-allemands à l'exemple du partenariat Aix-la-Chapelle et Reims. (A. Laquerrière, Interviewer)
[30] (Steinsiek, 2013)

suffit de demander aux élèves s'ils ont le français comme « Cours de français ». Dans ma classe ce sont au maximum huit élèves sur 60 qui ont le français comme cours renforcé. L'anglais et l'espagnol semble être pour ces élèves, que j'ai interviewé, une langue plus importante pour leur avenir. Monsieur Dr. Steinsiek dit « Les langues est un phénomène vivant »31 ce qui veut dire que la langue est le reflet de la culture d'un pays. C'est un problème général qui touche également nos voisins : « [...] ist die Situation in Frankreich alarmierend: Nur noch 16 Prozent der französischen Schüler entscheiden sich für Deutsch als Unterrichtsfach, die Tendenz ist fallend. »32 Il y a quelques années une école d'Aix-la-Chapelle cherchait à correspondre avec une école homologue rémoise sans succès. Il n'y avait pas assez d'élèves français germanophones pour pouvoir répondre positivement.

Aujourd'hui, la situation semble s'être améliorer .Cette école a enfin trouvé avec le lycée Libergié à Reims une correspondance solide et durable. Le manque d'élèves germanophones est adroitement contourné. Voyons-aussi le côté positif : Dans l'interview presque tout le monde est certain qu'il y a encore des jeunes qui s'intéressent au partenariat et qui s'engagent aussi par des organisations comme l'OFAJ ou le Goethe Institut.

La politique

Quand on a trouvé une solution pour un problème un autre problème surgit : La politique et la crise économique.

Madame Sommer parle de ce problème de cette façon : « En politique : Dans des périodes de crise économique, les relations entre des états sont toujours plus tendues. Le nationalisme est plus fort. »33 Le Front National en France est complètement anti-européen. Si Monsieur Jean-Marie Le Pen avait été élu pour les présidentielles françaises en 2007, la France se serait retirée de l'UE. Lors d'une crise, les électeurs préfèrent le nationalisme. À l'exemple des élections présidentielles en France de 2012 ou les nationalistes ont recueilli 19% des suffrages.

Monsieur Riondet voit encore un autre problème « Politique : Vision trop libérale des échanges. Seul des questions d'économie sont discutés et trop peu de question humaines... »34 Dans le cas de la crise économique les valeurs monétaires

---

[31] (Steinsiek, 2013)
[32] (Susanne Ballin, 2009)p.65; l.2-4
[33] (Sommer, 2013)
[34] (Riondet, 2013)

passent avant les tout autres choses. A l'exemple des conditions de vie dans des cartiers défavorisés est un problème de deuxième plan politique.

Résumé : Est-ce que le partenariat franco-allemand a encore un avenir ?

Le couple franco-allemand a et/ou verra des moments positifs et négatifs dans leur relation. Chacun de ce couple est une entité, avec ses idées et ses buts. Et comme dans un couple, il y a des crises. Pardonnons l'Histoire en essayons d'apprendre de ce que nous avons vécu. Pensons à notre avenir. Aix-la-Chapelle et Reims est la plus vielle amitié de l'histoire des villes alors assurons la ! Les villes sont le symbole pour l'amitié. Konrad Adenauer et Charles de Gaulle s'y sont donné la main pour l'amitié et un futur fort et assuré.

Je ne suis aperçu, lors mes recherches, que le partenariat franco-allemand devait surmonter beaucoup de problèmes. L'Histoire a été matière à réfléchir sur nos Avenirs. Nous nous sommes décidés à les vivre ensemble. Les relations n'ont pas été toujours faciles jusqu'aujourd'hui. En comparant le passé avec le présent, un énorme travail politico-culturel s'est mis en place. Mais nous nous apercevons que les jeunes s'orientent autrement et la politique a à surmonter les crises économiques actuelles. Dans cette tempête, notre amitié semble être intacte. Mais pour combien de temps encore si le vent souffle plus fort et/ou plus longtemps ?

VIVE L'AMITIÉ

VIVE L'ALLEMAGNE

VIVE LA FRANCE

Prenons soin de notre futur !

Bibliographie

Badische Zeitung [En ligne] // http://www.badische-zeitung.de/donaueschingen/grosse-parade-zum-geburtstag--68034201.html. - 10 janvier 2013. - 16 mars 2013.

Binoche, Jaques Histoire des relations franco-allemandes de 1789 à nos jours [Livre]. - Paris : [s.n.], 1996. - pp. 53-54. - ligne 14f..

Dr.Volker Frieningsdorf, Dr. Hatrmann Wunderer Geschichte [Livre]. - Potsdam : Tandem Verlag GmbH. - ISBN 978-3-8427-0364-3.

franco-allemande, Académie France-Allemagne [En ligne] // http://www.france-allemagne.fr/L-Academie-franco-allemande-du,4205.html. - 2002. - 2013 mars 2.

Fried, Nico Das Streiflicht [Revue] // Süddeutsche Zeitung. - Munique : [s.n.], 22 janvier 2013. - 18. - p. 1. - 69.

Lycée privée Jean 23 [En ligne] // http://www.jean23reims.org/index.php?option=com_content&task=view&id=36&Itemid=72. - 14 juin 2007. - 10 mars 2013.

Laquerrière, Sylvain Les jumelages franco-allemandes à l'exemple du partenariat Aix-la-Chapelle et Reims [Interview]. - Aix-la-Chapelle : [s.n.], 4 février 2013.

l'éducation Ministère de Le programme de mobilité internationale Jules Verne pour les enseignants [En ligne] // http://www.education.gouv.fr/cid50124/le-programme-de-mobilite-internationale-jules-verne-pour-les-enseignants.html. - mai 2012. - 2 mars 2013.

M.Augris France-Allemagne Documents [En ligne] // http://memoires-france-allemagne-docs.blogspot.de/2008/02/bismarck-et-les-relations-franco.html. - 4 février 2008. - 2 mars 2013.

Malagré, Dr.Heinz - Reims Notizen zur Partnerschaft;Zwei Königsstädte im Beziehungsspiel von deutsch-französischer Geschichte und Lebensart [Livre]. - Aix-la-Chapelle : M.Brimberg Druck und Verlag GmbH, 2004.

Mayntz, Gregor 50 Jahre Élysée Vertrag [Revue] // Aachener Zeitung. - Aachen : [s.n.], 23 janvier 2013. - 19. - p. 3.

Michaela Braun Lars Boesberg, Anne Duménil, Bernadette Galloux, Peter Geiss, Gabriele Gosse, Daniel Henri, Gauillaume Le Quintrec, Kaspar Maase, Bénédicte Toucheboef, Martin Wicke, Jean-Marc Wolff Histoire/Geschichte L'Europe et le monde du congrès de Vienne à 1945 [Livre]. - Paris : Klet/ Nathan, 2008. - Vol. II : III : p. 35. - ligne 9-13. - ISBN 2.09.172795.0 / 2.09.1272793.6.

Oury ,Gérard La Grande Vadrouille. - Studiokanal, 1966.

Rambout, Clémence Les jumelages franco-allemandes à l'exemple du partenariat Aix-la-Chapelle et Reims [Interview]. - 13 mars 2013.

Riondet Les jumelages franco-allemandes à l'exemple du partenariat Aix-la-Chapelle et Reims. [Interview]. - 12 mars 2013.

Schürmann, Anna Moin, Tach : Die Verdrängung der Dialekte [Revue] // Aachener Zeitung. - Aix-la-Chapelle : [s.n.], 13 mars 2013. - 61. - p. 8.

Sommer Les jumelages franco-allemands à l'exemple du partenariat Aix-la-Chapelle et Reims [Interview]. - 15 mars 2013.

Steinsiek, Dr. Wolf Les jumelages franco-allemandes à l'exemple du partenariat Aix-la-Chapelle et Reims [Interview]. - Aix-la-Chapelle : [s.n.], 2013 mars 2013.

Stritt ,Pascal Reims Culture [En ligne] // http://www.reims-kathedrale.culture.fr/grund-aufriss.html. - 2007. - 16 mars 2013.

Susanne Ballin Birgir Bruckmeyer, Manfred Durcholz, Andrea Floure, Silke Herr, Barbara Herzberg, Hanns- Christoph Lenz Horizons [Livre]. - Stuttgart : Ernst Klett Verlag GmbH, 2009. - Vol. I.

Veiel, Axel Fremde Freunde [Revue] // Frankfurter Rundschau. - Aix-la-Chapelle : [s.n.], 22 janvier 2013. - 18. - p. 8. - 68.

Wikipedia [En ligne] // http://de.wikipedia.org/wiki/Aachener_Dom. - 16 mars 2013. - 16 mars 2013.

Wikipedia Wikipedia [En ligne] // http://de.wikipedia.org/wiki/Historia_Caroli_Magni. - 26 mai 2012. - 2 mars 2013.

SUR GRIN VOS CONNAISSANCES SE FONT PAYER

- Nous publions vos devoirs
  et votre thèse de bachelor et master

- Votre propre eBook et livre –
  dans tous les magasins principaux du monde

- Gagnez sur chaque vente

Téléchargez maintentant sur www.GRIN.com
et publiez gratuitement